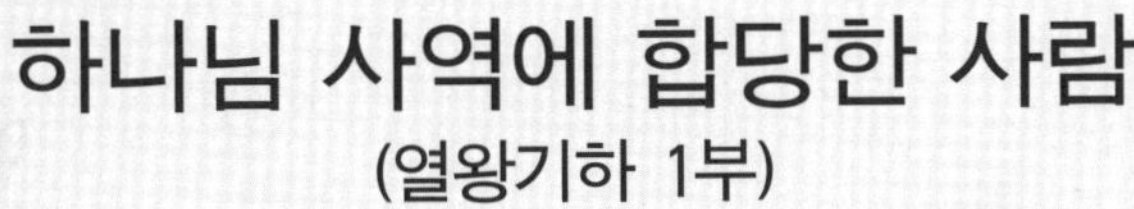

하나님 사역에 합당한 사람
(열왕기하 1부)

특별히 ______________________ 님께

이 소중한 책을 드립니다.

「하나님께 더 가까이」 시리즈 ❸

하나님 사역에 합당한 사람

(열왕기하 1부)

나종원 목사 지음

나침반

머릿말

하나님을 더욱 깊이 알고 하나님께 더욱 가까이!

사도 바울은 "믿음은 들음에서 나며 들음은 그리스도의 말씀으로"(로마서 10:17)라고 했습니다.
우리는 매일 믿음이 자라고 성장하기를 바랍니다.
또 우리의 믿음은 자라고 성장해야 합니다.
믿음은 정체되거나 그 자리에 멈추어 서 버리면 안됩니다.
믿음은 매일 자라고 성장해야만 합니다.
그것이 주님이 원하시는 것이며 우리들의 바람입니다.
믿음이란 하나님의 말씀을 먹고 들음에서 생겨납니다.
그것은 사도들도 인정하고 공감하는 바입니다.

"갓난 아기들 같이 순전하고 신령한 젖을 사모하라
이는 그로 말미암아 너희로 구원에 이르도록 자라게
하려 함이라"(베드로전서 2:2)
하나님의 말씀은 우리의 믿음이 자라는데 절대 필요한
자양분입니다. 하나님의 말씀을 먹고 들음이 없이 믿음은 자라지 않습니다.

저는 이 교재가 하나님을 더욱 깊이 알아가기를 원하는 많은 성도님들께 디딤돌이 되기를 원합니다. 이 교재를 통하여 성도님들의 믿음이 성장하며 자라기를 소망하며 하나님께 더욱 가까이 나가시는데 밑거름이 되었으면 합니다.

이 교재를 통하여 신학적 지식을 전달하기보다 하나님 말씀 그 자체를 전달하고자 애썼습니다. 이 교재를 통하여 하나님을 뜨겁게 만나시기를 축복하며 하나님께서 기뻐하시고 원하시는 믿음의 사람으로 서게 되시기를 기도합니다.
이 교재는 그룹이나 개인 성경 공부용 교재입니다.
청년부, 대학부, 구역 성도님들, 제자훈련과 성경을 더 깊이 배우고 공부하기를 원하는 모든 분들을 위한 성경교재입니다.
하나님의 말씀을 통하여 하나님께로 더 가까이 나가게 되기를 축복합니다.

하나님께 더 가까이…
나종원 목사

INTEGRITY

목차

1

하나님을 인정합시다

성경: 왕상 22:51-53, 왕하 1:1-16 / 찬송: 446(주 음성 외에는)

아합이 죽고 그의 아들 아하시야가 북이스라엘의 왕이 되어 2년간 나라를 다스립니다. 아합의 아들 아하시야는 아버지의 죽음을 통하여 어떠한 교훈도 얻지 않았습니다. 그는 자신의 아버지 아합의 길로 행하며 우상숭배와 배교로 하나님의 진노를 더욱 얻게 됩니다. 그가 자신의 다락에서 떨어져 병을 얻게 되고 이 병에 대한 치유를 위하여 하나님께 의뢰하기보다 오히려 귀신의 왕인 바알세붑에게 조언을 얻으러 사신을 보냅니다. 하나님은 이런 아하시야의 배교에 대하여 진노하시고 엘리야를 보내셔서 그의 병에 대하여 죽음으로써 심판하십니다.

1. 아합의 아들

1. 아하시야는 어떤 왕이었습니까(왕상22:51-53)?
   아하시야는 누구의 길을 따라갔습니까(왕상22:52)?

아하시야는 아합의 뒤를 이은 북이스라엘의 제8대 왕입니다(B.C. 853-852). 그는 2년이라는 짧은 기간동안 통치합니다. 아하시야는 그의 아버지 아합과 그의 어머니 이세벨의 바알숭배와 배교의 행위를 답습합니다.

2. 아하시야가 병이 든 까닭은 무엇입니까(왕하1:2)?

아하시야는 다락 난간에서 떨어져 골절상을 입은 것 같습니다. 그리고 그는 그후로 병석에 눕게 되고 여러가지 합병증이 겹쳐져 그의 병은 심화된 것으로 보입니다.

3. 아하시야는 자신의 질병의 치유에 대하여 누구에게 조언을 구합니까(왕하1:2b)?

바알세붑은 블레셋 족속들이 전통적으로 숭배한 파리 형상의 우상을 말합니다. 이 우상은 블레셋 족속들에게 질병을 막아주는 힘이 있다고 여겨졌습니다.

2. 어리석은 아하시야

1. 하나님께서 엘리야를 통하여 왕의 사자를 어떻게 책망하셨습니까(왕하1:3b)?
   아하시야가 어떤 점에서 어리석은 행동을 한 것입니까(잠3:6; 신26:17)?

아하시야가 블레셋에 있는 바알세붑에게 물으려고 한 것은 살아계신 하나님을 무시하는 행위였습니다. 이스라엘은 엄연히 전능하신 하나님이 계셔서 역사하시는 곳입니다. 물론 하나님은 특정 지역에 국한되시는 분은 전혀 아닙니다. 아하시야가 블레셋에 있는 바알에게 사신을 보낸 것은 그가 하나님을 얼마나 무시하고 경멸하고 있었는지를 보여주는 행위입니다.

2. 아하시야에 대한 하나님의 심판은 무엇입니까(왕하1:4)?

하나님을 무시하고 블레셋에 있는 바알세붑에게 물으러 사신을 보낸 아하시야에게 하나님은 죽음의 선고를 합니다. 그것은 아하시야가 자신의 침상에서 내려오지 못하고 죽는다는 것입니다. 하나님은 아하시야의 치유를 거부하셨습니다.

3. 아하시야는 하나님을 무시한 죄로 죽게 됩니다. "그러므로"라는 말의 의미를 생각해 봅시다(왕하1:4a).
   하나님을 무시하고 경멸하는 행위가 어떤 결과를 초래하는지를 생각해 봅시다.

아하시야가 겸손하게 하나님을 찾고 하나님의 도우심을 구했더라면 그는 전혀 다른 결과를 얻게 될 수도 있었을 것입니다. 그는 하나님을 무시하고 경멸하다가 결국 하나님의 진노를 사게 되고 '치유의 은혜'도 얻지 못하게 된 것입니다.

3. 세명의 오십부장

1. 사자들이 아하시야에게 돌아간 까닭은 무엇입니까(왕하1:6)? 그들이 아하시야에게 전한 하나님의 메시지는 무엇입니까(왕하1:6b)?

2. 아하시야가 자신의 군사들을 엘리야에게로 보낸 목적은 무엇입니까(왕하1:9)?

하나님의 경고를 들은 아하시야는 지금이라도 하나님께 회개하고 자비를 구하며 돌이켰어야 했습니다. 그러나 아하시야는 자신의 잘못을 뉘우치고 회개하기는 커녕 오히려 오십부장과 군사들을 엘리야에게 보내 그를 체포하고자 했습니다.

3. 엘리야를 체포하러 간 오십부장과 군사들에게 어떤 일이 일어났습니까(왕하1:9,10)?

4. 두 번째로 파송된 오십부장과 그 군사들에게 일어난 일은 무엇입니까(왕하1:11,12)?

요세푸스에 의하면 엘리야를 잡으러 간 오십부장은 엘리야를 협박하여 자진해서 내려오지 않으면 강제로 끌어내겠다고 협박했다 합니다. 엘리야는 하나님께 불을 구했고 하늘에서 불이 내려와 오십부장과 그의 군사 50명을 불살랐습니다.

5. 세 번째 오십부장의 태도는 이전의 오십부장들의 태도와 어떻게 다릅니까(왕하1:13,14)??

우리가 하나님을 인정해야 하는 이유와 하나님앞에서 왜 겸손해야 하는지를 말해 봅시다(잠16:18; 18:12 ; 약4:6).

정리하며

아하시야는 아버지 아합이 하나님의 뜻을 거역하고 불순종함으로 어떤 비참한 최후를 맞았는지를 보며 깨달았어야 했습니다. 그러나 그는 아버지의 삶을 통해 아무런 교훈도 얻지 못했습니다. 그는 다락 난간에서 떨어져 중한 병을 얻고도 하나님께 도움을 구하지 않고 오히려 블레셋에 사자를 보내 바알세붑에게 자신의 질병의 치유의 여부를 구했습니다. 이것은 살아계신 하나님을 모독하고 진노하게 하신 사건입니다. 하나님은 아하시야에게 진노하시고 그가 자신의 침상에서 다시는 일어나지 못하고 죽을 것이라고 선포하셨습니다. 아하시야가 겸허하게 하나님의 도움을 구했더라면 그의 삶은 완전히 달라졌을 것입니다.

1. 아하시야가 병상에서 내려오지 못하고 죽은 까닭은 무엇입니까(왕하1:16)?
   당신은 범사에 하나님을 얼마나 인정하며 살고 있습니까(잠3:5; 삼상2:30)?

2. 세 번째 오십부장이 목숨을 건지게 된 까닭을 설명해 봅시다.
   우리가 왜 하나님앞에서 겸손해야 합니까(약4:6)?

♡ "너는 마음을 다하여 여호와를 신뢰하고 네 명철을 의지하지 말라 너는 범사에 그를 인정하라 그리하면 네 길을 지도하시리라"(잠3:5,6)

거룩한 소원을 가집시다

성경: 열왕기하 2:1-18 / 찬송: 347(허락하신 새 땅에)

엘리야는 이제 자신의 사역을 완수하고 하나님께 부르심을 받습니다. 엘리야의 부르심은 성경에서 특별한 특징을 보입니다. 그것은 그가 하나님의 부르심을 받았을 때 죽음을 맛보지 않고 산 채로 하나님께로 데려감을 얻었다는 것입니다. 승천과정에서 엘리사는 끝까지 자신의 스승을 떠나지 않는 열정과 충성심을 보이고 갑절의 영감까지 소원하는 영적인 욕심을 보입니다. 엘리야의 사역은 승천으로 마무리되며 그의 사역은 이제 엘리사에게로 넘어갑니다.

1. 승천(昇天)

1. 지상의 사역을 완수한 엘리야를 향한 하나님의 계획은 무엇입니까(왕하2:1a)?
   1절에 나오는 '하늘'이란 어떤 하늘을 의미합니까(참고, 창5:24 눅16:23, 딤후4:18)?

하늘은 히브리어로 '샤마임'이라 하며 크게 두가지 의미로 사용됩니다. '눈에 보이는 하늘'과 '보이지 않는 하늘'입니다. 엘리야가 승천하는 하늘은 사람들의 눈에 보이지 않는 하늘이며 이곳은 하나님의 보좌가 있는 영광스러운 하늘 나라입니다.

2. 엘리야는 자신의 승천을 앞두고 제자인 엘리사와 동행하기를 원하지 않았습니다. 엘리야가 이처럼 엘리사를 자신에게서 떼어 놓으려는 까닭은 무엇입니까(왕하2:2,4,6)?

엘리야가 엘리사를 떼어 놓으려는 의도는 분명하지는 않습니다. 엘리야가 승천을 앞두고 혼자만의 시간을 가지려는 의도일 수도 있고 아니면 진정으로 엘리사가 자신의 사역을 승계할 만한 열정과 각오를 가진 제자인지를 시험하기 위한 방법일 수도 있습니다.

3. 엘리사는 엘리야의 요청에 대하여 어떻게 반응합니까(왕하2:2,4,6)?

그가 엘리야와 끝까지 동행하고자 하는 데에는 어떤 의도가 있습니까(왕하2:9b)?

엘리사는 스승인 엘리야와 마지막까지 동행하기를 열망했습니다. 그는 잠시도 엘리야에게서 떨어지지 않으려고 했습니다. 그것은 스승에 대한 깊은 존경심과 함께 스승의 승천을 보고야 말겠다는 강한 영적인 소원이 있었기 때문입니다.

❶ 당신은 하나님께서 맡겨주신 사명과 직분에 대하여 어느 정도의 열정과 영적인 소원이 있습니까(고전4:2; 롬12:11; 계2:10; 3:15,16,19)?

2. 갑절의 능력

1. 엘리야는 자신을 떠나지 않고 동행하기를 열망하는 엘리사에게 무엇을 질문하였습니까(왕하2:9a)?

2. 엘리사가 엘리야에게 대답한 그의 소원은 무엇입니까(왕하2:9b)?

3. 엘리사가 '갑절의 능력'을 구한 이유는 무엇입니까(왕하2:9)?

엘리사는 엘리야보다 더 많은 능력을 구하였습니다. 그것은 자신이 하나님께 받은 선지자의 사명을 잘 감당하기 위한 능력이었습니다. 그리고 그의 소원은 영적인 것이었습니다.

4. 당신은 하나님께 어떤 영적인 소원을 가지고 있습니까?
당신의 소원은 하나님의 뜻에 합한 것입니까(왕상3:9,10; 요15:7; 약4:2,3)?

3. 선지자의 제자들

1. 엘리야에게 어떤 일이 일어났습니까(왕하2:11)?

2. 선지자의 제자들이 엘리사에게 엎드려 경배한 까닭은 무엇입니까(왕하2:15, 왕상19:16,19)?

이것은 선지자의 제자들이 엘리사를 숭배하는 행위는 아닙니다. 이제 이들이 엘리사를 공식적인 엘리야의 후계자로 인정한다는 예의의 표현입니다.

3. 선지자의 제자들이 엘리사에게 강하게 요구한 것은 무엇입니까(왕하2:16)?
   선지자의 제자들의 믿음없음에 대하여 말해 봅시다(왕하2:3,5,9;행12:15).

이들은 하나님께서 엘리야를 하늘나라로 데려가실 것을 이미 듣고 알고 있었습니다. 그러나 이들은 엘리야의 승천을 두 눈으로 보고도 온전히 믿지 못하고 산과 골짜기를 찾아 다니며 하늘에서 떨어진 엘리야를 예상하며 사흘동안 찾아 다녔습니다.

4. 엘리사는 선지자의 제자들과는 어떻게 달랐습니까(왕하2:18)?

정리하며

엘리야는 죽음을 맛보지 않고 살아 있는 그대로 하나님께 부르심을 받았습니다. 엘리사는 끝까지 엘리야를 좇는 열정이 있었습니다. 그리고 엘리사는 하나님께 엘리야의 영감의 갑절이나 되는 능력을 구했습니다. 엘리사는 영적으로 강한 소원이 있었습니다. 엘리야는 회오리 바람을 타고 하늘로 올라갔습니다. 그러나 선지자의 제자들은 그들의 두 눈으로 이러한 승천을 보고도 믿지 않았습니다. 그들은 엘리야가 하늘로 올라가다가 어딘가에 떨어 졌을 것이라고 의심하였습니다. 그래서 이들은 엘리사에게 강청하여 사흘 동안이나 엘리야의 시체를 찾아 다녔습니다.

1. 엘리사는 하나님께 갑절의 영감을 구하는 영적소원을 가졌습니다.
   당신은 하나님께 어떤 소원을 가지고 있습니까?
   그 소원은 무엇을 위한 것입니까(참고, 왕상3:10; 마6:33)?

2. 당신은 하나님의 말씀과 역사를 이성과 머리로만 믿는 그런 신앙인은 아닙니까(눅24:11,25; 요20:29)?
   당신은 하나님을 진심으로 인정하고 신뢰하는 믿음을 가지고 있습니까?

♡ "내가 네 행위를 아노니 네가 차지도 아니하고 뜨겁지도 아니하도다 네가 차든지 뜨겁든지 하기를 원하노라 네가 이같이 미지근하여 뜨겁지도 아니하고 차지도 아니하니 내 입에서 너를 토하여 버리리라"(계3:15,16)

3

올바른 신앙의 태도를 가집시다

성경: 열왕기하 2:19-25 / 찬송: 327(주님 주실 화평)

본장은 엘리사가 엘리야의 후계자로 세움을 입고 난후 일어난 일입니다. 여리고 지역 어느 성읍의 사람들은 엘리사를 엘리야의 후계자로 존중하고 존경하며 심지어 그에게 나아가 지역문제를 가지고 도움을 구합니다. 이들은 선지자를 인정하고 존중했습니다. 그러므로 그들은 자신들의 지역문제도 해결받고 하나님의 복을 받는 귀한 은혜를 누리게 됩니다. 그러나 벧엘에 사는 42명의 아이들은 집단적으로 주의 종 엘리사를 조롱하고 업신여기며 선지자의 권위를 훼손하기까지 합니다. 결국 이들은 선지자의 입에서 저주가 선포되고 수풀에서 암곰 두 마리가 나와 이들을 찢어 버리는 재앙을 당하게 됩니다.

1. 성읍 사람들

1. 여리고 성읍 사람들에게 어떤 문제가 있었습니까(왕하2:19)?

이들은 문제를 누구에게 호소하였습니까(비교, 왕하1:3)?

❶ 당신은 삶 가운데 어려움과 문제가 있을때 어떻게 행동합니까(빌4:6,7; 벧전5:7; 히4:16)?

2. 성읍 사람들이 가지고 있는 선지자에 대한 태도는 어떻습니까(왕하2:19a)?

성읍 사람들은 선지자 엘리사를 '우리 주인'이라고 호칭을 합니다. '주인'이라는 말은 히브리어로 '아도나이'입니다. 이 용어는 신하가 왕을 호칭할 때, 종이 주인을 호칭할 때 사용되었습니다. 성읍 사람들이 선지자를 얼마나 존중하고 존경하는지를 보여 줍니다.

3. 엘리사는 성읍 사람들의 문제를 어떻게 해결해 주었습니까(왕하2:20-22)?

엘리사가 뿌린 소금에는 물을 고치는 어떤 효능이 없습니다.

그렇다면 물의 근원을 고친 능력은 어디에서 온 것입니까(왕하 2:21b)?

엘리사가 뿌린 소금에는 물을 고칠 만한 아무런 과학적인 효능이 없습니다. 엘리사가 물 근원에 소금을 던진 것은 상징적인 행위일 뿐입니다. 즉 물 근원을 고친 것은 하나님의 능력이었습니다(왕하 2:21b).

2. 벧엘의 아이들

1. 엘리사가 벧엘로 올라갈 때 누가 길에서 나왔으며 그들이 선지자에게 행한 행동은 무엇입니까(왕하2:23a)?

2. 벧엘의 아이들이 엘리사를 어떻게 조롱했습니까(왕하2:23b)? '올라가라'는 말은 무슨 뜻일까요(왕하2:23b)?

벧엘의 아이들은 12-15세의 소년들을 말합니다.

이들이 엘리사를 조롱한 내용은 두 가지인데 하나는 '올라가라'는 조롱입니다. '올라가라'는 말은 '너도 너의 스승 엘리야처럼 그렇게 하늘로 올라가 버려라'는 비아냥입니다.

벧엘의 아이들이 엘리사를 조롱한 두 번째는 '대머리'입니다. 이들은 엘리사의 외모를 두고 조롱했는데 엘리사가 진짜 대머리였는지는 알수 없지만 아이들은 그의 외모를 가지고 놀렸습니다. 대머리는 자연적인 현상으로 조롱의 대상이 될 수는 없습니다. 벧엘의 아이들은 이렇게 선지자에게 무례하고 망령된 행동을 했습니다.

3. 우리가 하나님의 일을 감당하는 사역자들에 대하여 잘못된 태도를 가지지 않아야 하는 까닭은 무엇입니까(마10:40,41; 요13:20)?

선지자의 이름으로 선지자를 영접하는 자는 선지자의 상을 받는다고 말씀하셨습니다. 그러기에 하나님의 일을 위하여 부르심을 받은 사역자들에 대하여 존중하는 마음을 가지며 그들을 기쁨으로 섬길 때 선지자의 상을 받습니다.

4. 당신은 하나님의 일을 감당하는 사역자들에게 어떠한 태도를 가지고 있습니까?
그들을 존중하며 존경하는 마음과 태도를 가지고 있습니까?
아니면 하나님의 종들에 대하여 잘못된 태도를 가지고 있지는 않습니까?

선지자는 하나님의 보내심을 받은 자이고 하나님의 보내심을 받은 자를 조롱하고 멸시하는 행위는 곧 그 보내신 하나님을 조롱하고 모독하는 행위입니다. 하나님의 사역자들과 대립적 관계를 형성하는 것은 바람직한 행위가 아닙니다.

5. 엘리사가 벧엘의 아이들을 향하여 행한 일은 무엇입니까(왕하 2:24a)?
선지자가 여호와의 이름으로 저주를 선포한 이후에 어떤 일이 일어났습니까(왕하2:24b)?

저주란 말은 히브리어로 '칼랄'이라는 말이며 '멸시하다(despise)',

'불명예를 당하다(dishonor)'라는 의미입니다. 즉, 저주란 하나님에 의해서 불명예와 경멸을 당하는 것을 의미합니다. 하나님의 선지자를 모독하고 조롱한 벧엘의 아이들을 하나님은 경멸히 여기시고 암곰 둘을 보내 그들을 모두 찢어 버리셨습니다.

3. 복과 저주

1. 왜 성읍 사람들은 복을 받고 벧엘에 사는 아이들은 저주를 받게 되었는지를 비교하여 봅시다(왕하2:19,23).

성읍 사람들은 선지자를 존중하고 존경했습니다. 또한 그들은 그 지역의 문제를 가지고 엘리사에게 나아가 겸손하게 도움을 청했습니다. 그 결과 그들은 선지자를 통하여 하나님의 복을 받는 은혜를 얻었습니다.

그러나 벧엘에 사는 아이들은 선지자를 조롱하고 경멸하여 선지자의 권위를 훼손하다가 결국에는 하나님의 저주를 받고 돌이킬 수 없는 재앙을 당하였습니다.

2. 신앙생활에 자세와 태도가 왜 중요한지를 생각해 봅시다(마 7:17; 11:20-23; 13:4-8; 행17:11,13).

본문 말씀을 통하여 신앙에서 '태도'가 얼마나 중요한 것인가를 알 수 있습니다. 좋은 태도와 마음가짐은 하나님의 복을 누리는 방편이 되지만 잘못된 태도와 마음가짐은 오히려 하나님의 저주를 받을 수도 있다는 것입니다(참고, 삼상2:30).

3. 당신은 하나님의 교회와 하나님의 사역자들에 대한 태도가 어떠합니까?
혹시 내가 고쳐야 하거나 돌아보고 회개할 일은 없습니까(민 12:1)?

정리하며

여리고 성읍 사람들은 엘리사 선지자를 존경하고 존중했습니다. 그들은 자신들의 지역문제도 선지자에게 의뢰하여 해결을 받는 은혜를 누렸습니다.

그러나 벧엘에 있는 42명의 아이들은 엘리사 선지자를 놀리고 조롱했습니다. 이들은 선지자의 권위를 모독하고 비웃었습니다. 그 결과 이들은 하나님의 심판을 받아 곰에게 찢겨 죽는 비참한 비극을 경험합니다. 이들의 운명의 결과가 달라진 것은 선지자에 대한 그들의 태도였습니다. 서로의 상반된 태도는 전혀 다른 상반된 결과를 가져 왔습니다.

1. 여리고 성읍 사람들이 어떻게 하나님의 은혜를 입게 되었는지 정리해 봅시다. 또 벧엘에 사는 아이들은 왜 그렇게 비참한 비극을 당하게 되었는지 비교해 봅시다.

2. 신앙의 자세와 태도는 중요합니다. 어떤 마음가짐과 태도를 가지느냐에 따라 그 결과는 완전히 달라집니다.
   당신은 신앙생활에 대하여 어떤 자세와 태도를 가지고 있습니까?

♡ "이와 같이 좋은 나무마다 아름다운 열매를 맺고 못된 나무가 나쁜 열매를 맺나니 좋은 나무가 나쁜 열매를 맺을 수 없고 못된 나무가 아름다운 열매를 맺을 수 없느니라"(마7:17,18)

믿는 자와 연합하고 교제 합시다

성경: 열왕기하 3:1-20 / 찬송: 546(주님 약속하신 말씀 위에 서)

아합의 아들 여호람이 통치하던 시기에 모압이 배반을 하고 배반한 모압을 진압하기 위해 세 왕이 연합하여 치러 갑니다. 이들이 에돔 광야길로 행군하다가 뜻하지 않은 문제에 직면하게 됩니다. 그 문제는 바로 군사들과 말들을 먹일 물이 없다는 것입니다.

에돔광야 골짜기에는 개천이 있어서 평소에 물이 있었지만 이들이 이곳을 지날 때에는 개천들이 말라 있었습니다.

이런 절대적 위기상황에서 여호사밧은 하나님을 찾았고 하나님의 긍휼하심에 힘입어 위기상황에서 벗어나는 은혜를 맛보게 됩니다.

1. 잘못된 동맹(同盟)

1. 북이스라엘의 여호람이 남유다의 여호사밧에게 사신을 보낸 목적은 무엇입니까(왕하3:7a)?

2. 여호사밧의 대답은 무엇입니까(왕하3:7b)?

여호사밧이 이와같이 대답한 까닭은 무엇입니까(대하18:1)?

여호사밧이 아합의 아들 여호람의 요청에 호응한 것은 그가 아합과 맺은 결혼정책 때문입니다. 여호사밧과 아합가문은 사돈지간입니다.

3. 여호사밧이 아합가문과 결혼동맹을 맺은 것은 하나님께서 싫어 하시는 것입니다(대하19:1,2). 그 까닭은 무엇입니까(고후6:14-16; 시1:1)?

믿는 자가 악한 자와 연합하고 교제하는 것은 하나님께서 기뻐하시는 것이 아닙니다. 믿는 자들은 악한 자들과 교제를 나누며 연합을 하는 일에 삼가야 합니다. 악인들과 교제하며 연합하다가 보면 악한 것에 물들고 죄악에 빠질 수도 있는 것입니다.

2. 에돔 광야 길

1. 모압 정벌을 나선 여호람과 여호사밧의 연합군이 에돔광야에서 어떤 어려움을 당합니까(왕하3:9)?

연합군이 모압 변경에 도달했을 때 이들은 물이 떨어졌습니다. 거기에는 사철 흐르는 시냇물이 있었는데 이들이 도착했던 당시에는 가뭄으로 이곳의 시냇물들은 모두 말라 있었습니다.

2. 이들이 당한 어려움이 왜 심각한 것인지를 생각해 봅시다(왕하3:10).

3. 이 절박한 위기 상황을 여호사밧은 어떻게 해결하고자 했습니까(왕하3:11)?
‘여호와께 물을 만한 선지자’란 무엇을 의미입니까(왕하3:12a, 16)?

여호와께 물을 만한 선지자란 거짓 선지자나 자신의 생각만을 말하는 인간적인 선지자가 아니라 하나님의 뜻을 받아 전하는 선지자를 말합니다.

❶ 어려운 일을 만나거나 고난 가운데 있을 때 우리가 하나님을 찾아야 하는 까닭을 말해 봅시다(시121:1; 히4:16).

3. 개천을 파라

1. 세 왕이 누구를 찾아 갑니까(왕하3:12)?
   이들이 얼마나 긴급한 상황에 놓였는지를 말해 봅시다(왕하3:12).

2. 엘리사가 여호람을 강하게 책망한 이유는 무엇입니까(왕하3:13; 왕상18:18; 왕하1:3)?

엘리사는 바알 숭배자인 여호람을 강하게 책망합니다. 바알의 선지자들에게 묻지 아니하고 왜 나에게 묻느냐는 질책입니다. 이것은 아합과 이세벨의 바알숭배를 의미합니다. 엘리사는 왜 이런 절박한 순간에 하나님의 선지자를 찾아 왔느냐고 책망하고 있는 것입니다. 여호람도 믿음의 왕인 여호사밧에게 이끌리어 엘리사에게로 온 것입니다.

3. 엘리사가 전한 구원의 말씀은 무엇입니까(왕하3:16,17)?
이 개천의 물은 누가 채우십니까(왕하3:17)?

4. 인간의 상식과 생각을 초월해서 역사하시는 하나님의 전능하심에 대하여 생각해 봅시다(왕하3:16,17; 롬4:17).

이 메마른 골짜기를 채울 물은 하늘에서 내려오는 구름에서 떨어지는 물도 아니고 그렇다고 지하에서 솟아나는 샘물도 아닙니다. 이 물은 오직 하나님의 전능하신 능력으로 채워지는 구원의 물입니다. 광야에서 반석에서 물을 내어 이스라엘 백성들에게 마셔 구원하게 하신 그런 하나님의 구원의 물입니다.

정리하며

여호사밧은 하나님께서 미워하시는 잘못된 동맹으로 어려움을 당하게 됩니다. 그것은 악인과의 연합을 기뻐하시지 않는 하나님의 말씀에 대한 불순종의 결과입니다. 동맹군은 모압 변경에서 물이 떨어지고 모두 목이 말라 죽을 절대적인 위기에 처했습니다. 이때 여호사밧은 하나님의 선지자 엘리사에게 도움을 요청하고 하나님은 여호사밧을 위하여 구원의 길을 열어 주십니다.

구하는 자에게 좋은 것을 주시는 하나님은 여호사밧의 동맹군에게 구원의 길을 열어 주신 것입니다. 그러나 엘리사는 바알숭배에 빠져있는 여호람을 호되게 책망합니다. 잘못된 우상숭배에 빠진 북이스라엘의 왕을 책망한 것입니다. 하나님께서 이들에게 베풀어 주신 물은 자연적으로 생성된 물이 아니라 하나님의 능력으로 제공된 구원의 물이었습니다.

1. 여호사밧은 동맹군이 당한 절대절명의 위기를 어떻게 해결하게 되었습니까? 우리는 어려운 일을 당할 때 어떻게 그 문제를 해결해야 합니까(시121:1,2)?

2. 하나님께서 여호사밧의 동맹군에게 주신 물은 어떤 종류의 물이었습니까? 하나님은 어떤 분이신지 말해 봅시다.

♡ "그러므로 우리는 긍휼하심을 받고 때를 따라 돕는 은혜를 얻기 위하여 은혜의 보좌 앞에 담대히 나아갈 것이니라"(히4:16)

하나님을 구하고 찾읍시다

성경: 열왕기하 4:1-7 / 찬송: 370(주 안에 있는 나에게)

하나님을 경외했던 어느 선지자의 제자가 빚만 남기고 세상을 떠나게 되었습니다. 그의 남은 가족인 과부와 그녀의 아들들은 심각한 경제적 고통을 당하게 되었습니다. 이 과부는 자신의 두 아들들이 빚으로 노예로 끌려갈 위기에서 하나님의 선지자인 엘리사를 찾아왔고 그에게 절박한 심정으로 도움을 호소합니다.

하나님은 엘리사를 통하여 이 가련한 과부에게 자비를 베푸셨고 이 과부는 하나님의 도우심으로 자신의 어려움을 해결하게 되었습니다.

1. 가난한 과부

1. 엘리사를 찾아온 이 여인은 어떤 여인입니까(왕하4:1)?

2. 이 과부의 남편은 살아 생전에 어떤 사람이었습니까(왕하 4:1b)?

3. 이 과부가 직면하고 있는 긴박한 문제는 무엇입니까(왕하 4:1C)?

모세의 율법에 채무자가 빚을 갚지 못할 경우에는 채무자와 그의 자녀를 희년까지 종으로 삼을 수 있는 권리를 인정하고 있습니다(레25:39-41). 따라서 이 과부는 많은 부채로 인하여 그녀의 아들들을 종으로 빼앗길 위기에 놓였습니다. 이 과부에게는 삶의 희망을 송두리째 앗아가는 것입니다.

2. 과부의 부르짖음

1. 이 과부가 엘리사를 찾아와 한 행동은 무엇입니까(왕하4:1a).

하나님만 바라보고 살았던 선지자의 제자였던 남편이 죽고 이 과부의 가정경제는 파탄이 났습니다. 이 과부가 의지할데는 결국 하나님뿐이었습니다. 그래서 과부는 절박한 심정으로 엘리사를 찾아왔습니다.

2. 이 과부가 느끼고 있는 깊은 절망감과 동시에 그녀가 하나님께 대하여 품고 있는 희망에 대하여 말해 봅시다(왕하4:1; 막10:47,48).

감당할수 없는 부채로 자식들까지 채권자에게 빼앗겨야 하는 냉엄한 현실이 이 여인에게는 가혹한 절망에 빠지게 했습니다. 동시에 지푸라기라도 잡아야 하는 과부의 심정에 하나님만이 과부의 유일한 도움이요 희망이 되시는 것입니다.

❶ 우리가 하나님의 은혜의 보좌앞으로 나아가야 할 이유가 무엇입니까(히4:16; 마7:7,8)?

3. 당신은 자신의 필요와 문제를 두고 하나님께 얼마나 기도하고 있으며 그 분의 도우심을 간구하고 있습니까?
구하고 의지하는 자에게 하나님은 어떤 분이십니까(눅18:7)?

4. 이 여인이 가진 것은 무엇입니까(왕하4:2b)?
이 과부가 얼마나 가난한 여인인지를 말해 보십시오.

5. 우리는 왜 이 가난한 과부처럼 "하나님의 절대적인 은혜"가 필요한 존재들입니까(엡2:8,9; 슥4:6)?

죄문제는 우리 인간의 힘으로는 도저히 해결할 수 없는 절대적으로 불가능한 문제입니다. 그런 점에서 우리들은 이 가난한 채무자 과부와 같은 처지에 있습니다. 우리들은 감당 할수 없는 죄문제를 해결받기 위해 하나님의 전적인 은혜가 필요합니다. 그러기에 우리들은 하나님의 은혜앞에서 절대적인 빈자들입니다.

3. 빈 그릇

1. 엘리사가 이 여인에게 명령한 것은 무엇입니까(왕하4:3)?
   엘리사는 이 과부에게 '그릇을 조금 빌리지 말라'고 명령합니다. 그 이유는 무엇입니까(시81:10)?

여인이 선지자의 명령에 순종하여 그릇을 많이 빌려 오면 하나님의 은혜를 많이 받을 것입니다. 그러나 여인이 믿음의 분량이 적어서 그릇을 조금 빌려 오면 적은 양의 기름을 얻게 될 것입니다. 따라서 기름의 양은 빌려온 그릇의 수에 결정이 됩니다. 결국 기름의 정도는 여인의 그릇에 달린 것입니다.

2. 기름은 언제까지 빈 그릇에 채워졌습니까(왕하4:6)?

3. 빌려온 그릇만큼 채워진 하나님의 은혜에 대해 생각해 봅시다 (왕하4:6b; 마8:8-13).

하나님께서 부어 주시는 능력은 무한하십니다. 하지만 그 기름은 우리의 그릇의 크기만큼 채워집니다. 더 이상 부을 곳이 없는데 기름은 부어질 수가 없는 것입니다. 하나님은 무한하시지만 준비된 그릇만큼 부어주십니다.

❶ 당신의 믿음의 분량은 어느 정도라고 생각합니까(마8:13; 9:29)?

정리하며

하나님만 섬기며 선지자의 제자의 길을 걸었던 남편이 죽자 그 남은 가정은 경제적인 파탄에 빠지고 말았습니다. 남편이 살아 생전에 많은 빚을 남겨두고 죽은 것입니다. 빚 때문에 채권자는 과부의 아들들을 종으로 빼앗아 가고자 합니다. 과부에게는 더 이상 희망이 존재하지 않습니다.
그러나 과부가 의지할 곳은 하나님밖에 없었습니다. 남편이 살아 생전에 몸 바쳐 헌신한 곳도 하나님을 따르는 삶이었습니다. 과부는 마지막 희망을 하나님께 두고 선지자에게 자신의 아픔을 토로했습니다. 하나님은 과부의 안타까운 간구를 들으시고 엘리사를 통하여 문제를 해결해 주셨습니다.

1. 과부는 자신의 문제를 누구에게로 가지고 왔습니까?
   당신은 여러 가지 문제를 당면할 때 그 문제를 누구에게로 가지고 갑니까(벧전5:7)?

2. 기름은 어디까지 채워졌습니까?
   왜 우리들은 하나님의 은혜를 받을 그릇을 준비해야 합니까?
   당신은 어느 정도의 그릇을 준비하고 있습니까?

♡ "하물며 하나님께서 그 밤낮 부르짖는 택하신 자들의 원한을 풀어 주지 아니하시겠느냐 그들에게 오래 참으시겠느냐"(눅18:7)

6

하나님을 아름답게 섬깁시다

성경: 열왕기하 4:8-17 / 찬송: 323(부름 받아 나선 이 몸)

수넴은 갈멜산에서 40km정도 떨어진 곳이며 엘리사가 길갈로 가는 방향에 위치해 있습니다. 엘리사는 종종 이곳을 지날 때마다 수넴 여인의 공궤를 받았습니다. 수넴여인의 공궤는 일회가 아닌 끊임없이 계속되었고 심지어 자신의 집에 선지자를 위한 작은 방을 만들어 엘리사의 안식처로 제공하였습니다. 댓가없이 순수한 마음으로 주의 종을 대접하고 섬긴 수넴 여인의 헌신은 전혀 예상치 않았던 놀라운 하나님의 복을 받게 됩니다. 이 가정에 아들을 얻게 된 것입니다. 선지자를 위하여 섬긴 아름다운 수고와 헌신이 복으로 다시 돌아오게 되는 것을 보게 됩니다.

1. 간권(懇勸)하는 여인

1. 엘리사가 수넴여인의 집에 들어가게 된 이유는 무엇입니까(왕하4:8a)?

'간권하다'라는 말은 무슨 의미입니까?

'간권하다'는 히브리어로 '와타하제크'이며 '꽉 붙들다'는 의미입니다. 이것은 수넴여인이 엘리사를 강청하여 꽉 붙잡아 자신의 집으로 모셔 공궤한 것을 말합니다. 간권(懇勸)이란 '간절(懇切)하게 권(勸)함'이라는 의미입니다.

2. 엘리사는 얼마나 자주 이 여인의 집을 찾았습니까(왕하4:8b)?

3. 수넴에 사는 이 여인은 어떤 여인이었습니까(왕하4:8a)?

'귀한 여인'이란 히브리어로 '이샤 게돌라'이며 '존귀한 여인'이라는 뜻입니다. 이것은 수넴여인이 경제적으로 부요할뿐만 아니라 사회적인 지위와 명예도 다른 사람들의 존경을 받는 위치에 있었음을 말합니다.

❶ 좋은 마음 밭을 가진 사람이 좋은 믿음의 사람이 됩니다(마 13:23).
당신은 교회나 직장이나 다른 사람들에게서 얼마나 존경받고 신뢰받는 사람입니까?

2. 세심한 배려

1. 수넴여인이 선지자 엘리사를 위하여 한 일은 무엇입니까(왕하 4:9,10)?
수넴여인이 선지자에게 어느 정도의 헌신을 하였습니까(왕하 4:13b)?

'세심한 배려'란 히브리어로 '하라다트'이며 '수고를 하다'는 의미입니다. 개역한글성경에서는 '생각이 주밀하다'로 되어 있었습니다. 이것은 수넴여인이 선지자를 위하여 세밀한 부분까지 정성을 보여 주고 있음을 의미합니다.

2. 엘리사가 수넴여인을 부른 이유는 무엇입니까(왕하4:13)?

3. 엘리사의 질문에 수넴여인은 무엇이라 대답합니까(왕하4:13c)?
'내 백성중에 거주한다'라는 말의 의미는 무엇입니까?

'내 백성중에 거주한다'라는 말은 수넴여인이 자신의 생활에 만족하며 살고 있고 다른 욕심이나 보답을 바라고 선지자에게 선행을 하거나 헌신을 하는 것이 아님을 의미합니다.

❶ 수넴여인은 아무런 욕심이나 댓가도 바라지 않고 사심없이 선지자를 공궤하고 섬겼습니다. 당신은 하나님의 나라와 복음을 위하여 얼마나 섬기고 있습니까?

3. 선지자의 축복(祝福)

1. 수넴여인의 아름다운 섬김은 선지자 엘리사에게 깊은 감동을 주었습니다. 엘리사는 자신의 사환 게하시에게 이 여인의 가정에 필요한 것이 없는지를 묻습니다. 게하시가 엘리사에게

알려준 이 가정의 문제는 무엇입니까(왕하4:14)?

2. 수넴여인을 다시 부른 엘리사가 이 여인에게 축복한 복은 무엇입니까(왕하4:16a)?

3. 엘리사는 수넴여인에게 하나님의 복을 선포해 주었습니다. 수넴여인이 선지자의 복을 받게 된 까닭은 무엇입니까(왕하4:8,9,10,13; 갈6:7)?

4. 선지자가 축복한 복은 어떻게 이루어졌습니까(왕하4:17)?

선지자는 하나님 나라를 위하여 일하는 사람입니다. 선지자를 위하여 공궤하고 아름다운 마음으로 헌신하고 베푼 선행은 하나님의 복을 받습니다(잠11:24,25; 전11:1; 마10:40-42).

정리하며

수넴여인은 선지자 엘리사를 극진하게 섬겼습니다. 그녀는 개인적인 공궤로 선지자를 섬김으로 하나님 나라의 사역에 동참했습니다. 엘리사는 수넴여인에게 무슨 바라는 것이 없느냐고 물었지만 그녀는 아무런 댓가 없이 선지자를 섬겼습니다. 하나님의 선지자를 아름답게 섬긴 수넴여인은 아들을 선물로 받는 하나님의 복을 받습니다. 선지자를 하나님의 이름으로 섬기는 자는 선지자의 복을 받습니다. 수넴여인이 그런 복을 받았습니다. 그녀는 선지자를 도울 때 세심하게 도왔습니다. 그녀의 아름다운 헌신은 엘리사의 마음에 깊은 감동을 주었습니다.

1. 수넴여인이 선지자 엘리사를 도운 목적은 무엇입니까?
   당신이 섬기고 선행을 하는 목적은 무엇입니까?

2. 수넴여인이 선지자를 잘 공경하고 공궤함으로 받은 복은 무엇입니까?
   당신은 하나님 나라의 복음을 위하여 어떻게 섬기고 공궤하고 있습니까?

♡ "선지자의 이름으로 선지자를 영접하는 자는 선지자의 상을 받을 것이요 의인의 이름으로 의인을 영접하는 자는 의인의 상을 받을 것이요"(마10:41)

7

하나님 앞에서 겸손합시다

성경: 열왕기하 5:1-14 / 찬송: 539(너 예수께 조용히 나가)

아람군대의 장군 나아만은 아람국에서 존경을 받고 왕에게도 신임을 받는 영향력 있는 장군이었습니다. 그러나 나아만에게는 깊은 인생의 아픔이 있었습니다. 그에게는 그 누구도 해결해 줄수 없는 나병이라는 질병이 있었습니다. 이 나병은 나아만에게 깊은 좌절과 삶의 고통을 주었습니다. 나아만이 나병으로 당하는 괴로움은 말로 표현 할 수 없었을 것입니다.

그런데 이스라엘에서 사로잡혀 온 어린 여종이 나아만의 아내에게 이스라엘의 선지자는 나아만의 나병을 고칠 수 있는 분이라는 놀라운 소식을 전해 줍니다. 이 어린 소녀의 믿음이 나아만의 나병을 치유하게 하는 놀라운 기폭제가 됩니다.

1. 존귀한 자

1. 나아만은 어떤 사람입니까(왕하5:1)?

2. 나아만에게는 어떤 인생 문제가 있었습니까(왕하5:1b)?

나병은 중병입니다. 또한 그 시대에 불치병의 일종으로 간주되었습니다. 구약시대에 나병환자는 엄격하게 사회적으로 격리를 당했습니다. 나병으로 말미암아 환자들은 사람들에게 냉혹한 대우를 당했습니다. 나병환자는 육체적 고통과 함께 사회적 정신적인 고통까지 당해야 했습니다.

3. 이스라엘에서 사로잡혀 온 어린 소녀가 나아만의 아내에게 알려준 희소식은 무엇입니까(왕하5:3)?
   이 어린 소녀의 믿음에 대해 생각해 봅시다(마9:21; 눅17:6).

나아만의 가정에 잡혀 온 이 어린 소녀의 믿음은 나아만의 나병치료를 가져오는 기적을 불러 옵니다.

2. 나아만의 분노

1. 나아만의 나병치유를 위해 아람 왕은 이스라엘 왕에게 편지를 씁니다. 이 편지를 받은 이스라엘 왕의 반응은 어떠합니까(왕하5:6,7)?

2. 엘리사가 나아만에게 명령한 것은 무엇입니까(왕하5:10)?

3. 엘리사의 명령에 나아만은 어떻게 반응합니까(왕하5:11a)?
   나아만이 분노한 두가지 이유는 무엇입니까(왕하5:10-12)?

엘리사의 명령에 나아만은 분노합니다. 크게 두가지 이유입니다.
첫째, 엘리사가 자신을 무시한 것입니다. 지금 나아만은 아람국왕에게 총애를 받는 핵심권력입니다. 그에 반해 엘리사는 일개 종교인에 지나지 않습니다. 그런 그가 자신에게 나아와 인사도 하지 않습니다. 엘리사가 나아만의 자존심을 상하게 한 것입니다.
둘째, 엘리사의 명령이 마음에 들지가 않습니다. 요단강은 흙탕물이고 아주 깨끗한 강이 아닙니다. 차라리 다메섹에 있는 아바나강이나 바르발강이 요단강보다 더 아름답고 깨끗합니다. 그것은 사실입니다.

3. 치유의 기적

1. 나아만이 나병 치유를 위해 선지자에게 기대했던 것은 무엇입니까(왕하5:11)?

나아만은 교만합니다. 그는 하나님이 어떤 분이신지 알지 못한채 자신의 치유의 방법까지 예상하고 기대했습니다. 엘리사가 자신에게 나아와 주술을 행해 주기를 원했습니다. 그러나 그것은 이방종교에 물든 나아만의 교만이요 착각입니다.

2. 나아만이 선지자의 명령에 순종하지 않은 까닭은 무엇입니까(왕하5:11a; 눅5:5; 요2:8)?
   당신은 하나님의 말씀이 당신의 생각과 상식에 맞지 않다고 생각될 때 그 말씀에 순종하고 따를 수 있습니까?

3. 누가 나아만을 설득합니까(왕하5:13)?

나병 치유를 위하여 나아만에게 진정으로 필요한 것은 무엇입니까(참고, 삼상15:22; 약4:6)?

하나님의 능력을 덧입기 위하여 우리가 해야 할 진정한 큰 일은 바로 내 안에 있는 불순종과 교만한 마음을 꺾어 버리는 것입니다. 불순종과 교만은 자신의 생각과 상식들과 편견으로 옷 입고 있습니다. 하나님의 은혜를 덧입기 위해서 내가 해야 할 일은 내 속에 있는 불순종과 교만을 철저하게 부숴버리는 것입니다. 하나님은 교만한 자를 대적하십니다. 겸손한 자에게 은혜를 부어 주십니다.

❶ 하나님께서 나아만의 교만을 먼저 다루신 까닭은 무엇입니까(약4:6)?

4. 나아만이 선지자의 명령에 순종한 후 어떤 일이 일어났습니까(왕하5:14; 참고, 눅5:6; 요2:9)?

정리하며

나아만은 아람국에서 위대한 장군이었지만 그에게는 심각한 인생의 문제가 있었습니다. 그것은 나아만 자신이 나병환자였다는 사실입니다. 이것이 나아만을 우울하게 했습니다. 그러나 이스라엘에서 잡혀 온 어린 소녀가 뜻밖의 소식을 전합니다. 그것은 엘리사가 나병을 고쳐 줄수 있다는 놀라운 소식입니다. 물론 이것은 하나님이 베푸시는 능력의 결과입니다. 나아만은 엘리사를 찾아오고 엘리사는 나아만에게 요단강에 들어가서 일곱 번 씻으라는 비상식적인 명령을 내립니다. 이 명령에 나아만은 반발하고 분노하지만 그러나 그것은 나아만의 교만이었습니다. 부하들의 권유로 나아만은 엘리사의 명령에 순종합니다. 그러자 그의 나병은 깨끗이 치유함을 얻게 됩니다.

1. 나아만이 엘리사의 명령에 순종하지 않고 분노한 까닭을 설명해 봅시다.
   당신은 하나님의 명령이 당신의 상식과 이해에 맞지 않을 때 어떻게 하시겠습니까?

2. 나아만은 나병을 어떻게 치유함을 받았습니까?
   하나님은 어떤 자에게 은혜를 베풀어 주십니까(벧전5:5)?
   당신은 어떠한 상황속에서도 하나님의 말씀에 순종할 수 있습니까?

♡ "시몬이 대답하여 이르되 선생님 우리들이 밤이 새도록 수고하였으되 잡은 것이 없지마는 말씀에 의지하여 내가 그물을 내리리이다 하고" (눅5:5)

욕심과 탐심을 버립시다

성경: 열왕기하 5:15-27 / 찬송: 214(나 주의 도움 받고자)

나아만은 자신이 받은 치유에 대하여 감사의 답례로 엘리사에게 자신이 가지고 온 예물을 드리고자 하였습니다.

그러나 엘리사는 하나님께 영광을 돌리고 치유의 행위가 자신의 능력이 아닌 하나님의 능력이며 하나님의 선물임을 강조하기 위해 나아만의 선물을 거절합니다.

그런데 엘리사의 사환 게하시가 마음속에 탐심이 일어나서 선지자의 뜻을 거역하고 하나님의 영광을 훼손하게 됩니다.

그는 나아만을 쫓아가서 거짓말을 하고 자신의 양심을 속이면서 나아만의 예물에 대하여 욕심을 내고 가로 채었습니다. 그러나 그는 하나님께 무서운 저주를 받게 됩니다.

하나님앞에 잘못된 욕심과 탐심은 게하시에게 무서운 저주로 돌아옵니다.

1. 나아만의 예물

1. 나아만이 나병을 치유받은 후 다시 엘리사를 찾은 까닭은 무엇입니까(왕하5:15; 눅17:16)?
   나아만이 갖고 온 예물은 어느 정도였습니까(왕하5:5)?

나아만이 가지고 온 선물은 은 십 달란트 대략 340kg입니다. 그러니까 은 십 달란트는 340,000g이므로 은 90,666돈입니다. 금 육천개는 총 68,400g이고 금 18,240돈입니다. 엄청난 예물입니다.

2. 엘리사가 나아만의 예물을 거절한 까닭은 무엇일까요(왕하5:16)?

엘리사가 나아만의 병을 고쳐 준 것은 물질적인 보상때문이 아니었습니다. 나아만의 나병 치유의 목적은 오직 여호와만이 참 하나님이심을 선포하는데 있었습니다. 선지자의 사역은 치유받은 자에게 참된 믿음을 심어 주는 것이고 보상을 바라거나 물질을 얻는데 있는 것이 아닙니다.

3. 우리가 하나님의 사역을 감당할 때 물질적인 보상을 요구하거나 바라서는 안되는 이유은 무엇입니까(참고, 마10:8; 행8:18-20)?

복음은 거저 받은 것이고 거저 나누고 베풀어야 합니다. 하나님의 은사를 돈으로 매매하거나 훼손해서는 안됩니다.

2. 은 한 달란트

1. 게하시가 마음속으로 결심한 것은 무엇입니까(왕하5:20)?

2. 게하시가 나아만에게 한 거짓말은 무엇입니까(왕하5:22; 왕하4:38).

게하시는 나아만에게서 은 한 달란트를 요구했습니다. 은 한 달란트는 34kg입니다. 340,00g이므로 9,066돈입니다. 그리고 그는 나아만의 예물을 받아 내려고 적극적으로 거짓말을 합니다. 에브라임 산지에서 제자들이 왔다는 것은 거짓말입니다. 게하시는 하나님의 사역자로서 물질을 탐하여 거짓말을 하는 망령된 행위를 한 것입니다.

❶ 욕심이 사람을 어떻게 추하게 만들고 부패시키며 타락시키는지를 생각해 봅시다(딤전6:10; 약1:15).

3. 나아만이 게하시를 맞이하며 수레에서 내릴 때 '평안이냐'고 안부를 물은 이유는 무엇일까요(왕하5:21b)?

나아만은 탐욕으로 눈이 먼 게하시에게서 무엇인가 부자연스러움과 불안감을 느꼈던 것입니다.

3. 영원한 저주

1. 게하시는 나아만에게 받은 예물을 어떻게 합니까(왕하5:24)?

2. 엘리사가 게하시에게 물은 것은 무엇입니까(왕하5:25)?
게하시가 엘리사에게 또 어떤 거짓말을 합니까(왕하5:25b; 참고, 행5:3,8)?

탐욕 때문에 거짓말을 한 게하시는 이제 서슴없이 선지자 엘리사에게도 거짓말을 시도합니다. 탐욕으로 인해 게하시의 마음이 타락한 것입니다. 물질에 대한 지나친 욕심은 경건에서 사람을 멀어지게 합니다.

3. 엘리사가 게하시에게 내린 저주는 무엇입니까(왕하5:26,27)?

정리하며

선지자 엘리사는 나아만이 제시하는 예물을 거절합니다.
하나님께서 주신 치유의 은혜를 돈으로 훼손하지 않습니다.
엘리사는 나아만의 치유를 하나님의 영광으로 돌렸습니다. 그러나 선지자의 종 게하시는 나아만의 예물을 보고 마음 속에 욕심이 일어났습니다.
그리고 게하시는 나아만을 쫓아 갑니다.
나아만의 예물을 얻어 내고자 게하시는 하나님의 은혜를 입은 나아만에게 거짓말을 합니다. 거짓말로 자신의 욕심을 채운 게하시는 돌아와 뻔뻔하게 선지자 엘리사에게도 거짓말을 시도합니다. 그가 탐욕으로 인해 얼마나 영이 어두워졌으며 양심이 타락하게 되었는지를 알게 합니다.
지나친 욕심과 탐욕은 사람으로 하여금 경건의 능력을 잃어 버리게 하고 믿음의 길에서 멀어지게 합니다. 지나친 탐심은 사람을 파멸시킵니다.

1. 엘리사는 나아만이 제시한 예물을 거절했습니다. 나아만의 예물을 거절한 이유는 무엇입니까?
   당신은 하나님의 사역을 순수한 마음으로 감당하고 있습니까?

2. 게하시는 어떻게 나아만의 예물을 자신의 손에 넣습니까? 그리고 그가 받은 댓가는 무엇입니까?

물질에 대한 지나친 욕심과 탐심이 사람을 경건에서 멀어지게 합니다(수7:11;13:22; 느13:2; 행5:3).
당신은 탐심을 어느정도 통제합니까?

"탐욕은 모든 것을 얻고자 욕심내어 도리어 모든 것을 잃게 만든다." - 몽테뉴

"그러므로 땅에 있는 지체를 죽이라 곧 음란과 부정과 사욕과 악한 정욕과 탐심이니 탐심은 우상 숭배니라"(골3:5)

9

하나님만 바라보라

성경: 열왕기하 6:8-23 / 찬송: 310(아 하나님의 은혜로)

아람왕은 엘리사의 선지자적 능력에 의해서 자신의 이스라엘에 대한 공격이 번번이 실패로 끝이 납니다. 그것은 엘리사가 이미 아람왕이 계획하고 논의한 모든 일들을 이스라엘 땅에서 다 알고 있기 때문입니다. 엘리사가 아람왕의 모든 계획을 이스라엘 왕에게 알려주고 아람왕은 결국 엘리사를 잡으러 군대를 파견합니다. 성을 에워싸고 엘리사를 잡으려 하지만 하나님의 능력으로 아람왕이 파송한 군대는 도리어 엘리사에게 잡히고 맙니다. 엘리사는 하나님이 넘겨주신 아람군대에게 관용을 베풉니다. 엘리사에게 떡과 물을 공급받고 생명까지 건진 아람군대는 두 번 다시는 이스라엘로 침범하지 못합니다.

1. 많은 군사

1. 엘리사가 이스라엘 왕을 위해 한 일은 무엇입니까(왕하6:8-10)?

2. 아람 왕이 도단으로 많은 군사를 보낸 까닭은 무엇입니까(왕하6:12)?

3. 엘리사의 사환이 아침에 일찍이 일어나서 놀라게 된 이유는 무엇입니까(왕하6:14,15)?
사환이 바라본 것은 무엇입니까(왕하6:15a)?

엘리사의 사환이 아침에 일어나 아람군대와 병거들을 보았습니다. 그는 눈에 보이는 군대를 보고 충격을 받고 놀랍니다. 그가 하나님을 보지 못하고 눈에 보이는 것만 보았기 때문입니다.

2. 두려워 말라

1. 두려움에 떨고 있는 사환에게 엘리사가 한 말은 무엇입니까(왕하6:16)?
엘리사가 아람군대를 두려워하지 않은 까닭은 무엇입니까(왕하6:16)?

엘리사는 눈에 보이는 것만을 보지 않았습니다. 그는 육신의 눈으로는 보이지 않는 하나님을 보았습니다. 엘리사는 하나님의 능력을 믿었기에 조금도 두려워하지 않았습니다.

2. 상황을 바라보는 엘리사와 사환의 차이점은 무엇입니까(왕하6:15,16)?

도단 성을 에워 싼 아람군대라는 현실을 두고서 사환은 '눈에 보이는 군대'만을 바라보며 절망했습니다. 그러나 엘리사는 믿음의 눈을 가지고 자신과 함께 하시는 '하나님을 신뢰함'으로 마음의 평안을 잃지 않았습니다.

3. 엘리사는 사환의 '어떤 눈'을 열어 달라고 기도합니까(왕하6:17; 마13:13-16; 행7:55,56; 눅24:31)?
이 믿음의 눈은 어떻게 열렸습니까(왕하6:17a; 엡1:16,18; 막7:34,35)?

엘리사는 사환이 눈에 보이는 것만으로 판단하지 않기를 기도했습니다. 그는 사환의 눈을 열어 주셔서 보호하시고 지켜 주시는 하나님의 능력을 볼수 있는 믿음을 주시도록 기도했습니다.

4. 영안이 열린 사환이 보게 된 것은 무엇입니까(왕하6:17b)?
우리가 하나님께 간구해야 할 것은 무엇일까요(시119:18)?

우리의 육안으로는 하나님을 보지 못합니다. 하나님은 우리의 영안이 열려야 볼수 있습니다. 우리는 늘 믿음의 눈이 열리도록 기도해야 합니다.

3. 치지 마소서

1. 엘리사가 아람군대를 향하여 하나님께 기도한 것은 무엇입니까(왕하6:18)?

2. 엘리사는 눈이 어두워진 아람군대를 어디로 인도하였습니까(왕하6:19,20)?

아람군대의 눈을 어둡게 하였다가 다시 그들의 눈을 열어 주시는 하나님의 능력을 생각해 봅시다(출10:22,23).

3. 사로잡힌 아람 군대를 두고 이스라엘 왕이 선지자에게 요청한 것은 무엇입니까(왕하6:21)?

4. 엘리사는 아람군대를 어떻게 대우하라고 말합니까(왕하6:22)?

엘리사가 아람 군대에게 베푼 '관용의 힘'에 대하여 말해 봅시다(왕하6:23; 롬12:18-21; 빌4:5; 벧전3:8,9).

❶ 당신은 자신에게 상처를 주거나 불이익을 준 사람들에게 어느 정도의 관용과 아량을 베풀 수 있습니까?

정리하며

아람군대는 엘리사를 체포하기 위해 도단성을 포위합니다. 엘리사는 눈에 보이지 않으시는 하나님을 보며 신뢰합니다. 그리고 그는 사환의 눈을 열어 주셔서 전능하신 하나님을 볼수 있도록 기도합니다. 엘리사를 체포하러 갔던 아람군대는 도리어 하나님의 능력으로 군대 전체가 체포되는 기적이 일어납니다. 이것이 하나님의 전능하신 능력입니다. 그러나 엘리사는 체포당한 아람군대를 해치지 않고 관용을 베풀고 떡과 물을 제공한 후 이들을 다시 아람왕에게로 돌려 보냅니다. 이후 아람군대는 더 이상 엘리사를 체포하러 오지 못합니다.

무력만이 유일한 문제의 해결책은 아닙니다. 엘리사는 아람군대에게 관용의 힘으로 진정한 승리를 거두게 됩니다.

1. 사환이 본 것과 엘리사가 본 것은 무엇입니까?
   무엇을 보느냐에 따라 전혀 다른 결과가 주어집니다.
   당신은 무엇을 주로 보는 사람입니까?

2. 엘리사는 아람군대에게 관용을 베풀었습니다.
   엘리사가 베푼 관용에 대해 생각해 봅시다.
   당신은 주변의 사람들에게 얼마나 관용을 베풀고 살아 갑니까?
   종종 사람의 마음을 움직이는 것은 무력보다 관용이라는 사실을 인정하십니까?

♡ "몸은 죽여도 영혼은 능히 죽이지 못하는 자들을 두려워하지 말고 오직 몸과 영혼을 능히 지옥에 멸하실 수 있는 이를 두려워하라"(마 10:28)

기쁜 소식을 급히 전합시다

성경: 열왕기하 6:24-7: 20 / 찬송: 520(듣는 사람마다 복음 전하여)

아합가문의 우상숭배와 하나님께 대한 불순종과 배교로 인하여 사마리아 성은 아람왕 벤하닷의 침공을 받아 포위되게 됩니다. 사마리아 성은 아람군대에 포위되어 극심한 식량부족이라는 재앙을 당하게 됩니다. 이 모든 것은 이스라엘이 하나님을 떠나 불순종하고 우상숭배한 죄때문이었습니다. 하나님은 엘리사를 통하여 사마리아에 구원을 선포하셨고 이 과정에서 하나님의 말씀을 신뢰하지 않고 조롱했던 왕의 장관은 백성들에게 밟혀 죽게 됩니다. 하나님은 나병환자 네 사람을 사용하시어 사마리아 성에 아름다운 구원의 소식을 전하게 하십니다. 하나님은 낮고 천한 자들을 들어 사용하시고 당신의 구원을 이루어 가시는 분이십니다.

1. 사마리아 성의 비극

1. '이 후에'라는 말이 의미하는 바는 무엇입니까(왕하6:24)?

엘리사가 아람군대를 사로잡고 그들에게 관용을 베풀었던 사건이 있은 지 수년의 시간이 흐른 어느 시점을 말합니다.

2. 벤하닷의 아람군대에 포위된 사마리아 성의 고통에 대하여 말해 봅시다(왕하6:25-29).

아람군대의 작전은 사마리아 성을 고립시키는 작전이었고 이로인해 성 안에 있는 백성들의 경제적인 고통은 엄청났습니다. 나귀는 유대인들에게 부정한 짐승입니다. 더구나 잘 먹지도 않는 나귀의 머리가 은 80세겔(1세겔은 노동자의 4일 임금)이었습니다. 비둘기 똥은 소금대용으로 사용되었습니다. 고립된 성 안에는 먹을 것도 없었고 물가는 천정부지로 올랐습니다.

3. 사마리아 성이 이처럼 비극적인 일을 당했던 원인은 무엇입니까(왕하6:28,29; 레26:14,15,28,29; 신28:53,55)?

이런 일은 우연히 일어난 참화가 아니라 북이스라엘이 하나님을 버리고 배교하며 우상숭배를 하는 죄에서 돌이키지 않았기 때문입니다. 우상숭배의 죄는 하나님의 저주를 불러옵니다.

2. 엘리사의 예언

1. 여호람은 사마리아 성의 재앙을 누구 탓으로 돌렸습니까(왕하 6:31,33)?
   사마리아 성의 비극은 무엇 때문에 일어난 것입니까(왕상17:1; 18:18)?

여호람이 엘리사와 하나님을 비난한 까닭은 엘리사가 여호람에게 항복하지 말 것을 권유했거나 아니면 엘리사가 사마리아 성을 구할 아무런 조치도 취하지 않은 것에 대한 분노입니다. 그러나 사마리아 성에 일어난 재앙의 근본원인은 북이스라엘의 뿌리깊은 우상숭배와 배교때문입니다.

2. 엘리사가 여호람을 가리켜 '살인한 자의 아들'이라고 말한 까닭은 무엇입니까(왕하6:32; 왕상18:4; 21:15)?

여호람은 아합과 이세벨의 아들이며 그 또한 누구보다 악한 왕이었습니다. 이들은 의로운 자들을 언제든지 해치는 악인들입니다.

3. 엘리사가 왕에게 선포한 하나님의 말씀은 무엇입니까(왕하7:1)?

고운 밀가루 한 스아는 아직도 싼 가격은 아니지만 사마리아 성의 포위가 해제되지 않고서는 불가능한 일이었습니다. 이것은 하나님께서 내일 이맘때에 사마리아 성에 풍부한 식량을 제공하여 구원하실 것이라는 예언입니다.

4. 엘리사가 전한 하나님의 구원의 말씀을 조롱하고 비웃었던 사람은 누구였습니까(왕하7:2)?
이 장관은 왕에게 어떤 자였습니까(왕하7:2a)?

이렇게 믿음없는 사람이 왕이 의지하는 최측근이라는 사실은 참으로 안타까운 일입니다. 그러나 어차피 여호람도 하나님을 떠난 배교자입니다. 배교자가 불경건한 자를 가까이 두는 것은 이상한 일은 아닙니다. 유유상종하기 때문입니다.

3. 나병환자 네 사람

1. 하나님은 사마리아에 구원의 소식을 전하기 위하여 누구를 사용하십니까(왕하7:3,4; 고전1:24-27)?

2. 나병환자들이 느낀 '거룩한 책임감'에 대하여 말해 봅시다(왕하7:8,9; 마25:25-30; 롬1:14,15).

3. 하나님께서 교회와 우리에게 주신 구원의 아름다운 소식이 있습니다. 당신은 이 아름다운 소식을 전할 사명감을 얼마나 잘 수행하고 있습니까(마28:18,19; 막16:15,16,20; 행1:7,8)?

4. 하나님의 말씀은 어떻게 이루어졌습니까(왕하7:15,16)?
하나님의 말씀을 멸시한 장관은 어떻게 되었습니까(왕하7:1,2;17-20)?

❶ 그 누구라도 믿음이 없으면 하나님의 참된 은혜를 누리지 못합니다. 우리가 왜 믿음의 생각을 하고 믿음의 말을 해야 하는지를 생각해 봅시다(민14:28; 마8:13).

정리하며

사마리아 성은 우상숭배와 배교로 말미암아 하나님의 심판을 받아 아람 군대에 의해 포위되어 극심한 고통을 겪게 되었습니다. 그러나 하나님은 사마리아 성에 은혜를 베푸시어 아람군대를 물리치십니다.

하나님을 신뢰하지 않는 왕의 장관은 하나님의 구원이 이루어질 때 성문에서 사람들의 발에 밟혀 죽게 됩니다. 불신의 사람들은 절대 하나님의 은혜를 누리지 못합니다. 나병환자들은 성 밖에서 아람군대가 퇴각한 것을 알게 되고 아름다운 소식을 성 안의 백성들에게 전해 줍니다.

1. 사마리아 성이 아람군대에 의해 포위되어 극심한 고통을 겪게 된 근본적인 원인은 무엇입니까(신28:15)? 우리가 왜 하나님의 말씀에 순종하며 살아야 합니까? 당신은 하나님의 말씀을 얼마나 순종하며 살아 갑니까?

2. 누가 사마리아 성에 구원의 소식을 전해 줍니까? 우리가 왜 복음을 전해야 합니까(롬1:16)?
   당신은 얼마나 구원의 기쁜 소식을 전하며 살고 있습니까?

♡ "네가 만일 네 하나님 여호와의 말씀을 순종하지 아니하여 내가 오늘 네게 명령하는 그의 모든 명령과 규례를 지켜 행하지 아니하면 이 모든 저주가 네게 임하며 네게 이를 것이니 네가 성읍에서도 저주를 받으며 들에서도 저주를 받을 것이요"(신28:15,16)

합력하여 선을 이룸을 믿읍시다

성경: 열왕기하 8:1-6 / 찬송: 321(날 대속하신 예수께)

열왕기하 4장에 등장하는 수넴 여인은 8장에서도 등장합니다. 북 이스라엘의 우상숭배와 배교로 인하여 하나님은 그 땅에 7년이라는 기근의 재앙을 내리셨고 이 하나님의 계획을 알고 있는 엘리사는 자신에게 선행과 헌신으로 사랑을 베풀어 준 수넴 여인에게 이러한 기근의 소식을 미리 알려 줍니다. 수넴 여인이 기근을 피하여 양식이 넉넉한 땅으로 이주할 것을 권합니다.

7년동안 기근을 피하고 돌아온 수넴 여인에게 문제가 생겼는데 자신의 예전의 집과 토지를 상실한 것입니다. 이 문제를 해결하는데 게하시가 등장하고 게하시는 엘리사의 사환이므로 엘리사의 역할이 있었다고 봄이 좋을 것입니다.

1. 기근

1. 엘리사가 수넴 여인에게 무엇을 조언했습니까(왕하8:1)?

2. 북이스라엘에 7년 기근이 임하는 원인은 무엇입니까(왕하8:1b; 신11:16,17; 28:15,24)?

3. 엘리사가 수넴 여인에게 특별한 관심과 애정을 보여주는 까닭은 무엇입니까(왕하8:1; 왕하4:8,13; 마10:41)?

엘리사가 수넴 여인에게 보여준 사랑과 관심은 우연히 되어진 일이 아닙니다. 그것은 수넴 여인이 엘리사에게 베풀어준 사랑과 헌신에 대한 선지자의 보답이었습니다(갈6:7,8,10).

2. 수넴 여인의 시련

1. 7년 기근 후 다시 수넴으로 돌아 온 수넴 여인의 가정에 어떤 문제가 발생합니까(왕하8:2,3)?

수넴 여인이 블레셋으로 피신해 있는 동안 그녀의 집과 전토는 상실하고 말았습니다. 그녀의 땅은 주인없는 땅으로 간주되어 국가 소유로 귀속이 된 것으로 보입니다.

2. 수넴 여인이 왕에게 나아간 이유는 무엇입니까(왕하8:3)?

3. 수넴 여인을 위한 하나님의 섭리에 대해 생각해 봅시다(왕하 8:4,5).

수넴 여인이 왕에게 나아가 자신의 집과 전토를 위하여 호소하려는 그 시간에 엘리사의 사환 게하시가 왕과 대화를 나누고 있었고 또 그 대화의 주제는 바로 이 수넴 여인의 죽었다가 다시 살아난 아들에 관한 것이었습니다. 이런 상황들은 왕으로 하여금 수넴 여인에게 특별한 관심과 사랑을 베풀 수 있도록 역사했습니다. 이 모든 일은 우연히 발생한 일이 아니라 수넴 여인을 위한 하나님의 선하신 섭리의 결과였습니다.

3. 선지자의 복

1. 왕이 수넴 여인을 위하여 취한 조치는 무엇입니까(왕하8:6)?

왕은 수넴 여인을 위하여 한명의 관리를 임명할 정도로 이 여인의 문제에 깊은 관심을 드러내며 적극적으로 문제를 해결해 주었습니다.

2. 수넴 여인은 자신의 손실을 어느 정도 회복하게 되었습니까(왕하8:6b)?

수넴 여인은 왕의 지시로 인하여 자신의 집과 전토를 원상회복 할 수 있었습니다. 또한 7년간의 기근동안 자신의 토지에서 난 소출까지 소급하여 돌려받는 기쁨을 누리게 되었습니다. 수넴 여인은 7년 기근도 피하고 7년 동안 자신의 전토의 소출까지 얻게 되었습니다.

3. 수넴 여인이 하나님께 이런 은혜를 입게 된 까닭은 무엇입니까(마10:40,41; 잠11:24,25)?

수넴 여인은 언제나 선지자 엘리사를 잘 섬기고 공궤한 여인이었습니다. 예수님은 우리들에게 선지자를 영접하는 자는 선지자의 상을 받을 것이라고 말씀하셨습니다. 수넴 여인의 일이 형통하게 된 것도 우연이 아니라 하나님께서 이 여인에게 베풀어 주신 복의 결과입니다.

❶ 당신은 하나님 나라와 복음 및 우리가 살고 있는 이 사회를 위하여 얼마나 구제하며 선행을 하고 있습니까(딤전6:18,19)?

정리하며

수넴 여인은 엘리사 선지자를 잘 섬기며 공궤한 여인입니다. 엘리사도 이 여인에 대하여 각별한 애정으로 보답합니다. 엘리사는 7년의 기근동안 수넴 여인이 다른 곳으로 이주하여 기근의 재앙을 피하라고 조언을 합니다. 7년후 다시 돌아 왔을 때 뜻하지 않은 일이 발생하고 수넴 여인의 땅은 사라지고 맙니다. 그러나 선지자 엘리사의 적극적인 도움으로 역시 수넴 여인은 집과 땅을 회복합니다. 동시에 7년동안 전토에서 난 소출까지 소급하여 받게 됩니다.

사람은 심는 대로 거두게 됩니다. 수넴 여인은 선지자에게 사랑으로 심었습니다. 하나님은 수넴 여인에게 선지자의 복으로 갚아 주셨습니다. 우리는 하나님 나라를 위하여 아름다운 것으로 심고 살아야 합니다.

1. 선지자 엘리사가 수넴 여인에게 왜 7년간의 기근에 대하여 알려 주고 도피 할 것을 조언했을까요?
   당신은 곁에 있는 사람들에게 얼마나 사랑과 친절을 베풀고 살아 갑니까?

2. 수넴 여인은 어떻게 선지자의 복을 받게 됩니까?
   그녀가 자신의 잃어 버린 집과 전토를 회복하는 일에 누구의 도움을 받게 됩니까?
   당신은 하나님 나라를 위하여 얼마나 좋은 것으로 심습니까?

♡ "우리가 알거니와 하나님을 사랑하는 자 곧 그의 뜻대로 부르심을 입은 자들에게는 모든 것이 합력하여 선을 이루느니라"(롬8:28)

12

형통한 삶의 원리를 압시다

성경: 열왕기하 8:7-27 / 찬송: 449(예수 따라가며)

하나님은 엘리야에게 하셨던 약속을 이루시기 위하여 엘리사에게 아람의 새로운 왕으로 하사엘에게 기름을 부으시도록 하셨습니다. 하사엘은 장차 이스라엘의 영적인 타락, 배교와 우상숭배의 죄악에 대한 하나님의 심판의 도구였습니다.

그는 아합가문과 전쟁을 치르며 우상숭배하는 아합가문에게 상당한 고통을 안겨줍니다.

여호사밧의 아합과의 결혼동맹은 남유다에 재앙을 안겨주는데 아합의 딸 아달랴는 남유다에 와서 바알숭배를 퍼뜨립니다.

남유다는 경건한 믿음에서 변질되어 심각한 타락으로 떨어지고 하나님의 심판을 피하지 못하게 됩니다.

하나님의 심판으로 에돔과 립나가 반역을 일으키며 여호사밧의 아들 여호람 개인에게도 저주와 불행이 이어집니다.

1. 엘리사의 눈물

1. 엘리사가 다메섹을 찾은 까닭은 무엇입니까(왕하8:7,13; 왕상 19:15-17)?

열왕기상 19장15절에서 하나님은 엘리야에게 하사엘에게 기름을 부어 아람왕이 되게 하겠다고 약속하셨습니다. 이제 때가 되어 하나님은 약속의 말씀을 성취하시고자 엘리사를 다메섹으로 보내셨습니다.

2. 엘리사가 하사엘을 쏘아 보며 운 이유는 무엇입니까(왕하 8:11,12)?

하사엘이 장차 이스라엘에 행할 일들에 대해 말해 봅시다(왕하 8:12; 왕하10:32; 12:17,18; 13:3,4).

하사엘이 왕이 되어 행할 일은 우상숭배하는 이스라엘을 공격하고 괴롭히는 것입니다. 그러나 엘리사는 장차 자신의 동족에게 행할 하사엘의 사역을 생각하며 안타까운 눈물을 흘린 것입니다.

❶ 장차 이스라엘이 당할 재앙들을 생각하며 눈물을 흘리는 엘리사의 안타까운 선지자의 마음을 생각해 봅시다(눅19:41).

3. 하사엘은 자신을 어떤 자로 표현합니까(왕하8:13; 삼상24:14)?

유대인들에게 개는 부정한 동물로 여겨졌습니다. 그러기에 개를 사람에게 비유할 때는 그 사람을 아주 비하하거나 부정하게 여길 때 사용합니다(마 15:26). 하사엘이 자신을 '개'에 비유한 것은 그 자신에 대한 겸손한 마음과 함께 실제 그가 비천한 신분의 출신이었음을 말해 줍니다.

❶ 하사엘같은 자를 아람왕으로 세우시는 하나님의 주권에 대해 생각해 봅시다(삼상2:8).

2. 여호사밧의 악수(惡手)

1. 남유다의 여호람은 하나님앞에서 어떤 자였습니까(왕하8:18)?

2. 여호람이 '다윗의 길'을 버리고 '아합의 길'을 가게 된 이유는 무엇입니까(왕하8:18b).

3. 여호람이 아합의 딸을 자신의 아내로 두게 된 근본 원인은 무엇입니까(왕하8:18; 대하18:1)?

4. 여호사밧이 아합과 맺었던 결혼동맹이 하나님앞에서 얼마나 잘못된 것인지를 다시한번 생각해 봅시다(대하19:1,2; 왕하9:27; 왕하11:1).
하나님께서 불경건한 자들과의 연합을 경계하시는 까닭은 무엇입니까(신7:1-5)?

3. 에돔과 립나의 반란

1. 에돔과 립나가 유다의 손에서 배반한 까닭은 무엇입니까(왕하8:20-22; 삼하7:14).

2. 에돔과 립나의 반란이 남유다에 미친 손실이 어떤 것인지를 말해 봅시다.

당시 에돔은 유다에 조공을 바치는 속국이었습니다. 그러기에 에돔의 반란은 곧 유다의 경제적 손실을 의미합니다. 립나는 유다의 주요 군사 요새입니다. 이러한 립나의 반란은 유다에게 군사적 위험을 초래하였고 결과적으로 에돔과 립나의 반란은 유다에게 경제적 군사적 약화를 가져왔습니다. 이 모든 일들은 유다의 배교와 불순종에 대한 하나님의 징계와 심판이었습니다.

3. 여호람이 하나님께 배교하며 불순종함으로 그가 당하게 된 개인적 재앙은 무엇입니까(대하21:18,19)?

❶ 하나님의 말씀에 순종하는 삶과 불순종하는 삶이 우리에게 어떤 차이를 가져 오는지를 생각해 봅시다(사1:19,20).

4. 여호람의 이 모든 배교와 그가 하나님께 받은 재앙은 여호사밧의 잘못된 결혼동맹에서 시작됩니다. 여호사밧의 결혼동맹이 유다에 끼친 악영향들은 무엇인지 말해 봅시다(왕하8:27; 왕하9:27; 왕하11:1).

여호사밧이 아합과 맺은 결혼동맹은 하나님께서 기뻐하시지 않고 원하시지도 않은 것입니다. 이것은 여호사밧이 인간적인 이해관계로 아합과 맺은 동맹입니다. 그러나 이 결혼동맹이 결과적으로 유다에 계속해서 저주와 재앙을 불러 들이는 동맹이 됩니다. 하나님께 불경건하고 악한 아합과의 연합은 결국 유다의 영적 타락과 파멸로 이어졌습니다.

정리하며

하나님은 선지자 엘리야에게 하셨던 약속을 이루시기 위하여 엘리사를 다메섹으로 보내 하사엘에게 기름을 부어 왕으로 삼았습니다. 하사엘은 우상숭배하는 이스라엘에 대한 하나님의 징계의 채찍입니다. 하나님께 배교하는 이스라엘의 채찍을 세우기 위해 기름을 부으러 가는 엘리사는 하사엘을 보며 눈물을 흘렸습니다. 남유다도 종교적 타락이 심각하였습니다. 여호사밧의 결혼동맹으로 남유다에 시집을 온 이세벨의 딸 아달랴는 남유다에서 바알숭배를 조장하고 장려합니다. 여호람도 이세벨의 딸과 함께 영적인 타락의 길을 걸어 갑니다. 하나님은 배교의 길을 가는 남유다에게도 징계의 매를 드셨습니다. 그것이 바로 에돔과 립나의 반란입니다. 죄악으로 남유다도 더 이상 강력한 국가가 되지 못합니다.

1. 엘리사가 다메섹으로 간 까닭은 무엇입니까?
   하나님은 어떤 분이십니까?

2. 하나님께서 아람국에 하사엘을 왕으로 지정하여 세우신 목적은 무엇입니까?
   에돔과 립나가 남유다에 반기를 들고 반란을 일으킨 이유는 무엇입니까?
   우리의 형통한 삶의 원리는 무엇일까요?

♡ "이는 만물이 주에게서 나오고 주로 말미암고 주에게로 돌아감이라 그에게 영광이 세세에 있을지어다 아멘"(롬11:36)

13

맡긴 사명을 잘 감당합시다

성경: 열왕기하 8:25-9:29 / 찬송: 342(너 시험을 당해)

엘리야를 통하여 주신 하나님의 예언의 말씀은 이제 엘리사를 통하여 이루어집니다. 하나님은 아합가문을 심판하시고자 이미 예후를 준비해 두셨고 이제 하나님의 때가 되어 선지자의 제자를 통해 북이스라엘의 새로운 왕으로 기름을 부으십니다.

북이스라엘의 새 왕으로 세움 받은 예후의 사명은 아합가문을 멸절시키는 것입니다.

아합가문은 모든 영적인 타락과 온갖 악행에 대한 하나님의 심판을 받게 됩니다.

아합의 아들 요람은 이스르엘에서 예후에게 살해되며 그의 시체는 나봇의 포도밭에 던져집니다. 더불어 여호사밧때부터 시작되어 온 아합가문과의 결혼동맹으로 요람의 외조카 유다의 왕 아하시야도 함께 예후에게 죽임을 당합니다.

이것은 하나님께서 기뻐하시지 않는 악한 자들과의 연합에 대한 하나님의 심판이었습니다.

1. 기름부음

1. 요람이 병이 든 이유는 무엇입니까(왕하8:28,29)?

2. 유다왕 아하시야가 이스르엘까지 온 이유는 무엇입니까(왕하8:29)?
아하시야와 요람의 관계를 말해 봅시다(왕하8:16-18; 25,26).

요람은 아합의 아들이고 아하시야는 아달랴의 아들입니다. 그러므로 요람은 아하시야의 외삼촌이 됩니다. 아하시야는 외삼촌의 병문안을 위해 오게 된 것입니다.

3. 엘리사가 선지자의 제자중 한명에게 맡긴 사명은 무엇입니까(왕하9:1-3)?

2. 새로운 왕

1. 예후는 어떤 인물입니까(왕하9:5)?

예후는 북이스라엘 제10대 왕이며 제4왕조를 일으킨 왕입니다. 여로보암, 바아사, 오므리의 왕조 뒤에 이스라엘 제4왕조를 열었습니다. 당시 예후는 북이스라엘의 군대장관이었으며 길르앗 라못에서 아람군과 싸우고 있었습니다. 그는 아합가문에 대한 하나님의 심판의 집행자로서 택함을 받았습니다.

2. 예후에게 주신 하나님의 사명은 무엇입니까(왕하9:6-10)?

3. 예후가 왕으로 기름부음을 받은 후 그의 동료들의 반응은 어떠했습니까(왕하9:12,13)?

예후는 조금전까지만 해도 장군들에게 동료로 대우를 받았습니다. 그러나 예후가 하나님께 왕으로 기름 부으심을 받았을 때 그의 동료들은 즉각 예후에게 왕으로서 예우를 갖춥니다. 그들은 예후의 왕으로서의 권위를 인정하였습니다. 왜냐하면 예후의 권위는 사람에게서 난 것이 아니라 하나님에게서 왔기 때문입니다.

❶ 당신은 하나님께서 세우신 권위에 대하여 얼마나 존중하는 마음을 가지고 있습니까(롬13:1,2)?

3. 요람과 아하시야의 죽음

1. 요람이 예후에게 던진 질문은 무엇입니까(왕하9:22)?
   예후의 대답은 무엇입니까(왕하9:22b)?

2. 요람이 예후에게 죽임을 당한 후 그의 시체는 공교롭게도 나봇의 밭에 던져집니다. 이것은 어떤 성경적인 의미를 가지고 있습니까(왕상21:17-19; 갈6:7)?

나봇은 아합의 탐욕으로 말미암아 모함을 받고 이세벨에 의해 살해를 당한 사람입니다. 공교롭게도 아합의 아들 요람의 시체가 나봇의 밭에 던져졌습니다. 이것은 아합이 심은 대로 거두게 된 것입니다.

3. 유다왕 아하시야도 예후에게 죽임을 당합니다. 그가 유다왕이었음에도 불구하고 왜 예후에게 죽임을 당하게 되었습니까(왕하9:27; 왕하8:25-29; 대하19:1,2)?

유다왕 아하시야는 북이스라엘에서 벌어지는 하나님의 심판을 당해야 할 까닭이 없었습니다. 그러나 그의 조부 여호사밧 때에 체결된 아합가문과의 결혼동맹으로 인하여 요람은 아하시야의 외삼촌이 됩니다. 혈족으로 맺어진 아합가문과의 연합으로 아하시야도 예후에게 살해당할 수밖에 없었습니다.

즉 하나님께서 아합가문을 심판하실 때 여호사밧의 후손들도 아합가문과 맺어진 동맹으로 말미암아 하나님의 심판을 함께 당하게 된 것입니다.

정리하며

하나님은 엘리야에게 약속하셨던 것처럼 이제 때가 되어 아합가문을 심판하시기 위해 예후를 새로운 북이스라엘의 왕으로 세우셨습니다. 바알 숭배와 온갖 악행으로 하나님의 진노를 일삼았던 아합가문은 예후에 의해 가문이 멸절을 당하게 됩니다. 하나님께서 예후를 세우셔서 악의 세력인 아합가문을 진멸하신 것입니다.

아합의 아들 요람은 예후에게 살해를 당한 후 나봇의 밭에 던져집니다. 이것은 아합이 믿음의 사람이었던 나봇에게 행한 악행에 대한 하나님의 심판입니다. 아합은 심은대로 거두게 된 것입니다. 남유다의 아하시야도 아합가문과의 결혼동맹으로 인하여 예후에게 살해를 당하게 됩니다. 이것은 하나님께서 기뻐하시지 않는 연합에 대한 하나님의 심판입니다.

1. 하나님께서 예후를 북이스라엘의 새로운 왕으로 세우신 목적은 무엇입니까? 하나님은 어떤 분이십니까?

2. 연합(聯合)이라는 말은 당장에 듣기에 좋게 들립니다. 그러나 우리가 왜 무조건적인 연합과 그 연합의 대상에 대해서 신중하게 고려하고 끊임없이 영적인 경계를 해야 하는지를 말해 봅시다(잠1:10; 시1:1; 잠16:5; 고후6:14-16; 계2:22,23)?

“무릇 마음이 교만한 자를 여호와께서 미워하시나니 피차 손을 잡을지라도 벌을 면하지 못하리라”(잠16:5)

14

하나님께 가치 있는 존재가 됩시다

성경: 열왕기하 9:30-10:14 / 찬송: 204(주의 말씀 듣고서)

하나님을 거역하고 북이스라엘에 바알숭배를 들여왔던 이세벨은 하나님께 저주를 받아 개들에게 그 시체를 뜯어 먹히는 비참한 죽음을 당하게 됩니다.

예후는 이세벨의 이런 죽음을 두고 저주받은 여자라고 말했습니다. 이세벨은 자신의 불순종과 악행으로 인하여 하나님께 저주받은 여자였습니다. 이세벨은 마지막까지 예후를 향하여 독설과 저주를 퍼 부으며 죽었습니다.

그러나 그녀의 죽음은 하나님의 정당한 심판의 결과였습니다.

때가 되었고 하나님은 이세벨의 넘치는 죄악에 대하여 갚아 주셨습니다. 예후는 하나님의 말씀에 순종하여 아합의 남은 아들들도 모조리 진멸시켰습니다.

하나님을 거역하고 도전했던 아합가문의 모든 후손들은 이로써 진멸당하게 된 것입니다. 하나님은 아합가문의 배교와 불순종, 우상숭배의 죄를 이 가문의 멸절로써 심판하신 것입니다.

1. 이세벨의 최후

1. 이세벨이 마지막으로 한 일은 무엇입니까(왕하9:30)?

예후를 유혹하기 위하여 화장을 한 것이 아니라 태후로서 위엄을 갖추고 예후에게 근엄하게 보이려고 한 것입니다.

2. 이세벨은 예후를 향하여 '주인을 죽인 너 시므리여'라고 말합니다. 예후를 가리켜 왜 '시므리'라고 말했을까요(왕하9:31; 왕상16:9-18)?

시므리는 자신의 주군을 살해하고 왕위를 찬탈한 반역자입니다. 그리고 시므리는 반역후 7일동안 왕이 됩니다(왕상16:15). 이것은 이세벨이 예후를 조롱하고 경멸하기 위하여 한 말입니다. 예후 너도 시므리처럼 그렇게 될 것이라고 저주하는 것입니다.

3. 예후는 이세벨에 대하여 어떻게 생각하고 있습니까(왕하9:22; 34)?

이세벨이 왜 저주받은 여자인지 말해 봅시다(왕상21:23).

2. 거름같은 존재

1. 예후가 내시들에게 명령한 것은 무엇입니까(왕하9:32,33)?

2. 창밖에 던져진 이세벨은 어떻게 됩니까(왕하9:33)?

이세벨의 비참한 죽음에 대하여 생각해 봅시다(왕하9:35,36).

하나님께서 엘리야를 통하여 선포하신 말씀처럼 이세벨은 바닥에 던져진 후 개들에게 먹혀 죽었습니다.

3. 예후는 이세벨의 시체를 가리켜며 어떤 존재와 같다고 말합니까(왕하9:37a)?

이세벨이라는 존재가 왜 하나님앞에서 '거름'같은 존재밖에 되지 않을까요?

'거름'이라는 말은 히브리어로 '도멘'이라는 말인데, '폐물(offal)'이라는 의미로 쓰입니다. 이것은 '쓸모없고 가치없는 존재'를 비유한 말입니다. 하나님을 거역하고 도전하며 북이스라엘에 바알숭배를 끌어들여 온 나라를 타락하게 하고 하나님의 선지자를 죽인 이세벨은 하나님앞에서 쓸모없고 가치없는 존재에 불과하다는 것입니다.

❶ 당신은 하나님앞에서 어떤 존재입니까(참고, 사43:4; 삼상2:12)?

3. 아합의 아들들

1. 아합의 아들들은 몇 명이나 됩니까(왕하10:1)?

2. 예후가 이스르엘 귀족들과 장로들 그리고 아합의 아들들을 맡아 교육하는 자들에게 편지를 써서 전하여준 내용은 무엇입니까(왕하10:1-3)?

이들의 반응은 어떠하였습니까(왕하10:4,5)?

3. 예후가 이들에게 다시 편지하여 명령한 것은 무엇입니까(왕하10:6)?

4. 아합의 아들들은 어떻게 되었습니까(왕하10:8)?

하나님께 불순종하고 거역하는 자들의 비참함에 대하여 말해봅시다(왕하10:8,10; 신28:18).

성문 어귀는 사람들의 왕래가 잦은 곳이며 각종 집회와 모임이 이루어지는 곳입니다. 그동안 하나님을 거역하고 바알숭배로 온 나라를 타락시켰던 아합과 이세벨은 하나님의 심판으로 흔적없이 사라져버렸습니다. 또한 그의 자녀들도 함께 하나님의 심판을 받아 비참한 운명을 맞이합니다.

정리하며

하나님을 부정하고 이스라엘에 바알숭배를 들여와 온 나라를 우상숭배로 타락시켰던 이세벨은 예후에게 비참한 죽음을 당했습니다. 그러나 이것은 그녀의 악행에 대한 하나님의 심판의 결과였습니다. 이세벨의 마지막은 개들에게 몸을 뜯어 먹히는 비참한 죽음이었습니다. 예후는 이세벨을 향하여 저주받은 여자라고 했습니다. 그녀의 삶은 하나님께 저주받은 삶이었습니다. 또한 아합의 모든 아들들도 예후에 의해 멸절을 당합니다. 결국 하나님을 부정하고 모독하며 도전했던 아합과 이세벨, 그리고 그의 모든 아들들은 청소를 당하듯이 모조리 진멸을 당했습니다.

1. 예후는 이세벨을 가리켜 어떤 존재라고 말했습니까?
   하나님께 의미있는 존재란 무엇이며 어떻게 사는 것이 가치있는 삶일까요?

2. 아합과 이세벨이 자신의 자녀들에게 끼친 결과는 무엇입니까?
   우리가 하나님과 어떤 관계를 맺는 것이 복되고 형통한 삶의 길이 됩니까?

♡ "네가 내 눈에 보배롭고 존귀하며 내가 너를 사랑하였은즉 내가 네 대신 사람들을 내어 주며 백성들이 네 생명을 대신하리니"(사43:4)

하나님을 향한 열정을 가집시다

성경: 열왕기하 10:12-31 / 찬송: 336(환난과 핍박 중에도)

예후는 유다에서 올라온 아합가문의 외손자였던 아하시야의 형제들을 모두 죽입니다. 이들도 역시 아합가문에 속하는 사람들이기에 하나님의 심판을 피하지 못합니다.

예후의 바알척결운동과 아합가문에 대한 진멸소식은 여호나답에게도 전해지고 경건하고 여호와를 향한 뜨거운 열심을 가진 레갑족속의 족장 여호나답이 예후를 만나기 위해 올라옵니다.

예후는 하나님을 향한 뜨거운 열정을 가진 여호나답을 기쁨으로 맞이하고 그와 함께 바알척결운동에 앞장을 섭니다. 예후는 여호나답과 함께 바알 제사장들을 계책을 써서 전국에서 모으고 한 장소에서 살육을 합니다.

하나님은 예후의 아합가문에 대한 진멸행위를 칭찬하시고 예후와 그의 가문에게 4대까지 이어지는 왕위를 상급으로 약속해 주십니다.

1. 아하시야의 형제들

1. 예후가 사마리아로 가다가 누구를 만났습니까(왕하10:12,13)?

2. 예후는 이들에 대하여 어떻게 합니까(왕하10:14)?

3. 예후가 아하시야의 형제들을 죽인 까닭은 무엇입니까(왕하 10:14; 왕하 8:25-28; 잠16:5)?

아하시야는 요람을 문병하러 왔다가 살해를 당했습니다. 그런데 아하시야의 형제들도 아합 왕가에 문상을 하러 왔다가 예후에게 살해를 당합니다. 아하시야의 형제들도 역시 아합 가문과의 동맹 관계로부터 재앙을 당한 것입니다.

❶ 믿음의 사람들이 악한 자들과의 연합에 대해 경계해야 하는 까닭을 말해 봅시다(시1:1)?

2. 레갑의 아들 여호나답

1. 누가 예후를 맞이 하러 옵니까(왕하10:15)?

2. 예후가 여호나답을 만나 기뻐하며 그를 반가워한 까닭은 무엇입니까(왕하10:15)?

레갑 사람들은 이스라엘 민족이 가나안에 정착한 이후에도 광야 생활을 계속 고수한 유목 부족입니다. 특히 레갑의 아들 여호나답이 레갑 족속의 선조로 불립니다. 하나님은 레갑 사람들의 믿음을 칭찬하셨습니다(참고, 렘35장). 이들은 경건한 삶을 위해 자손들에게 몇가지 가훈을 남겼습니다. 포도주를 마시지 말 것, 포도원과 밭을 가지지 말 것, 집을 짓지 말 것, 장막에 살 것등입니다(렘35:8-10).

3. 예후가 자신의 병거에 여호나답을 태우며 그에게 한 말은 무엇입니까(왕하10:16)?

예후와 여호나답 가문의 공통점은 무엇입니까?

하나님을 향한 열정입니다. 종교개혁을 하는 예후나 세상을 멀리하고 경건하게 살고자 하는 여호나답이나 그들이 공동으로 추구하는 것은 오직 여호와를 향한 사랑이었습니다.

3. 바알척결운동

1. 예후가 바알 숭배자들을 멸하기 위하여 세운 계책은 무엇입니까(왕하10:18-20)?

2. 예후의 계책을 통하여 바알 숭배자들이 얼마나 모였습니까(왕하10:21)?

3. 예후는 바알 숭배자들을 어떻게 처리합니까(왕하10:22-25)?
예후는 바알의 신당을 어떻게 모욕합니까(왕하10:27)?

예후는 바알의 신당을 세운 자리에 화장실을 세웠습니다. 이것은 바알 신전의 자리를 부정하게 만들어 다시는 이 자리에 바알 신당이 서지 못하게 하고자 함입니다.

4. 하나님께서 예후를 칭찬하시고 그에게 주신 약속은 무엇입니까(왕하10:30)?

하나님은 예후에게 그의 자손이 북이스라엘 왕위에 4대를 유지하도록 약속하셨습니다. 이것은 예후가 하나님께서 가증하게 여기시는 아합 가문에 대한 심판을 그가 잘 수행한 것에 대한 상급이었습니다. 예후의 가문은 약 100년간 북이스라엘 왕위를 유지하게 됩니다.

정리하며

예후는 하나님께서 맡겨주신 사명을 잘 감당하였습니다. 그것은 아합 가문에 대한 철저한 진멸이었습니다. 예후는 아합과 관련된 친족들까지 책임을 물어 소탕했습니다. 예후의 종교개혁에 대한 소문을 듣고 여호나답이 예후를 찾아 옵니다. 어두운 시대에 예후의 출현과 예후의 사역이 여호나답같은 경건한 사람들에게 얼마나 큰 위로와 기쁨이 되었을까요? 예후는 여호나답을 기쁨으로 맞이하고 함께 바알척결운동을 합니다. 하나님은 예후의 열정을 기쁘게 받으시고 그의 가문의 복을 약속하십니다. 예후의 가문은 4대를 이어 왕위를 유지하게 됩니다.

1. 예후의 종교개혁의 소식을 듣고 누가 예후를 찾아 옵니까?
   예후와 여호나답의 공통점을 말해 봅시다.
   당신은 하나님을 향하여 어느정도의 열정이 있습니까?

2. 하나님께서 예후의 사역을 통하여 약속하신 복은 무엇입니까?
   당신들은 하나님께서 맡기신 사명이나 직분에 대하여 얼마나 충성스럽게 봉사하고 있습니까(계2:10; 고전4:2; 마25:21; 눅12:48)?

♡ "그리고 맡은 자들에게 구할 것은 충성이니라"(고전4:2)

이 책을 마치면서

주님께 드리고 싶은 글

망망한 바다 한가운데서 배 한 척이 침몰하게 되었습니다.
모두들 구명보트에 옮겨 탔지만 한 사람이 보이지 않았습니다.
절박한 표정으로 안절부절 못하던 성난 무리 앞에 급히 달려 나온 그 선원이
꼭 쥐고 있던 손바닥을 펴 보이며 말했습니다.
"모두들 나침반을 잊고 나왔기에 … "
분명, 나침반이 없었다면 그들은 끝없이 바다 위를 표류할 수 밖에 없을 것입니다.

우리는 삶의 바다를 항해하는 모든 이들을 위하여
그 나침반의 역할을 하고 싶습니다.
우리를 구원하신 위대한 주 예수 그리스도를 널리 전하고 싶습니다.

"하나님은 모든 사람이 구원을 받으며
진리를 아는 데에 이르기를 원하시느니라"
(디모데전서 2장 4절)

하나님 사역에 합당한 사람(열왕기하 1부)

지은이 | 나종원 목사
발행인 | 김용호
발행처 | 나침반출판사

제1판 발행 | 2016년 7월 1일

등 록 | 1980년 3월 18일 / 제 2-32호
주 소 | 07547 서울특별시 강서구 양천로 583
블루나인 비즈니스센터 B동 1607호
전 화 | 본사 (02) 2279-6321 / 영업부 (031) 932-3205
팩 스 | 본사 (02) 2275-6003 / 영업부 (031) 932-3207
홈 피 | www.nabook.net
이메일 | nabook@korea.com / nabook@nabook.net

ISBN 978-89-318-1518-4
책번호 다-1131

값은 뒷표지에 있습니다.